El verde lir...

Antología de poesía

Alma Flor Ada
Francisca Isabel Campoy

Harcourt Brace & Company

Orlando Atlanta Austin Boston San Francisco Chicago Dallas New York Toronto London

A Hannah, ¡que puedas pintar la vida con tus propios colores!
A.F.A.

A mi familia en Hull en honor a toda su belleza.
F.I.C.

Cover Illustration: Vivi Escrivá

For permission to reprint copyrighted material, grateful acknowledgment is made to the following sources:

Agencia Literaria Latinoamericana: "Las preguntas de Hiloverde" and "El secreto del Payaso" from *Los Payasos* by Dora Alonso. Text © 1985 by Dora Alonso. "Do re mi fa sol" from *La flauta de chocolate* by Dora Alonso.

Samuel Boiner and Carlos Boiner: "El sapito GLO GLO GLO" from *Las torres de Nuremberg* by Jose Sebastián Tallon. Published by Editorial Kapelusz, S. A.

CELTA Amaquemecan S.A. de C.V.: "Gallo copetín" from *¿Te canto un cuento?* by Antonio Ramírez Granados. Text © 1985 by Consejo Nacional de Fomento Educativo.

Alicia Barreto de Corro: "A Casa" from *Viaje de la Hormiga* by Alicia Barreto de Corro. Editorial Gráficas Los Morros. Depósito legal lf 77–1761. San Juan de los Morros. Cdo. Guárico, Venezuela.

Ediciones Unión: "Nana del paisaje brillante" from *Nanas para el principe Igor* by Concha Tormes Araque. Text © 1979 by Concha Tormes.

Editorial Costa Rica: "Mariquita, ¿Que estas haciendo?" from *Nido de la canción* by Carlos Luis Sáenz. Text © by Carlos Luis Sáenz.

Editorial Latina, S.A.: "El caracol, la luciernaga y el grillo" by Fernando Luján from *Poesía* by Elsa Bornemann. Text copyright © 1976 by Editorial Latina, S.A. All rights reserved.

Editorial Norma S.A., Bogotá, Colombia: "Los pollitos dicen...," "Aserrín, asserán," "Tortas, Torticas," "Cucú, cantaba la rana," and "Allá en la fuente" from *Tope tope tun.*

Editorial Nueva Imagen, S.A.: "Perico, Perico" by Fryda Schultz de Mantovani from *Caja de sorpresas* by Esther Jacob. Text © 1980 by Editorial Nueva Imagen, S.A.

Editorial Nueva Nicaragua: "Cinco gatitos" from Mama Chilindrá.

Editorial Planeta Argentina S. A. I. C.: "En el fondo del Mar" from *Zoo Loco* by María Elena Walsh. Text copyright 1994 by María Elena Walsh and Cía Editora Espasa Calpe Argentina.

Editorial Trillas, S.A. de C.V.: "Las mañanitas" and "A dormir" from *Cuentos y versos para jugar.* Text © 1988 by Editorial Trillas, S.A. de C.V.

Instituto de Cultura Puertorriqueña: "Mi conejo" from *Ritmos de tierra y mar* by Isabel Freire de Matos. Text © by Instituto de Cultura Puertorriqueña. "Besos" by Luis Rechani Agrait and Rafael Rivera Otero, "El pavito real" by José Antonio Dávila, "La gallinita" by Gloria Fuertes, "Pajarito chino" by Juana de Ibarbourou, and "La voz del niño" from *La poesía y el niño* by Isabel Freire de Matos. Text © 1993 by Instituto de Cultura Puertorriqueña.

María Hortensia Lacau: "¡Qué sueño!" from *País de Silvia* by María Hortensia Lacau. Published by Kapelusz Editora S.A., Buenos Aires, 1962.

Sociedad General de Autores de España: "El aguacero" by Carmen Lyra from *El mundo de los niños.* Published by Salvat Editores, S.A.

Universidad de Puerto Rico: "Caballito de la mar" from *Coquí* by Ester Feliciano Mendoza. Text © 1982 by Universidad de Puerto Rico.

Every effort has been made to locate the copyright holders for the selections in this work. The publisher would be pleased to receive information that would allow the correction of any omissions in future printings.

Printed in the United States of America

ISBN 0-15-306943-0

2 3 4 5 6 7 8 9 10   026   99 98 97 96

Bienvenida

Porque sabes mirar en la huerta
a la copa de los árboles
y ver los mil colores
que tiene el verde,
tú lector grande de este libro pequeño,
tú, ya eres poeta.

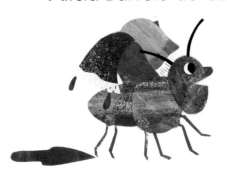

LOS COLORES DEL PLANETA

ILUSTRACIONES DE RICARDO RADOSH

La pájara pinta

Tradicional

Estaba la pájara pinta
sentadita en el verde limón
con el pico recoge la rama
en la rama recoge la flor.

¡Ay, sí! ¡Ay, no!
¿Quién será mi amor?

¡Qué bonita la pájara pinta
sentadita en el verde limón!

En el fondo del mar

María Elena Walsh

En el fondo del mar
siempre es recreo.
Nadie va a clase,
nadie tiene empleo.

Como las mojarritas
no mandan más cartitas,
en el fondo del mar
ya no hay correo.

Las preguntas de Hiloverde

Dora Alonso

—Si la vaquita blanca
me da la leche,
¿dará café la negra,
si a mano viene?

Si a mano viene,
¿me dará la bermeja
café con leche?

Besos

Luis Rechani Agrait

Rafael Rivera Otero

¡Uno! ¡Dos! ¡Tres! ¡Cuatro!
¡Cinco!
Quiero aprender a contar
para saber cuántos besos
le voy a dar a mamá.

Mariquita, ¿qué estás haciendo?

Carlos Luis Sáenz

Mariquita, ¿qué estás haciendo?
—Estoy encendiendo el fuego.
Mariquita, ¿qué estás haciendo?
—Poniendo el agua para que hierva.
Mariquita, ¿qué estás haciendo?
—Chorreo café con la bolsa llena.
Mariquita, ¿qué estás haciendo?
—Lavé el maíz, y lo estoy moliendo.
Mariquita, ¿qué estás haciendo?
—Doce tortillas
¡todas con queso!

Pajarito chino

Juana de Ibarbourou

¡Pajarito chino,
de color añil!
Canta que mi niño
no quiere dormir.

¡Pajarito chino
de color punzó!
Calla que mi niño
ya se durmió.

Tortas, torticas

Tradicional

Tortas, torticas,
torticas de maíz.
Torticas, torticas,
torticas de maíz
con mucha azúcar blanca
y granitos de anís.
Torticas, torticas,
torticas de miel
para los nenecitos
que no quieren comer.

13

La muñeca

Tradicional

Tengo una muñeca
vestida de azul,
con su camisita
y su canesú.

La saqué a paseo,
se me constipó;
la metí en la cama
con mucho dolor.

Esta mañanita
me dijo el doctor,
que le dé jarabe
con un tenedor.

La gallinita

Gloria Fuertes

La gallinita,
en el gallinero,
dice a su amiga:
—Ya viene enero.
Gallina rubia
llorará luego;
ahora canta:
—Aquí te espero . . .

Aquí te espero,
poniendo un huevo.
Me dio la tos
y puse dos.

Pensé en mi alma,
¡qué pobre es!
Me dio penita
¡y puse tres!

Como tardaste,
esperé un rato
poniendo huevos
¡y puse cuatro!

El sapito Glo Glo Glo

José Sebastián Tallón

Nadie sabe dónde vive.
Nadie en la casa lo vio.
Pero todos escuchamos
al sapito: glo... glo... glo...

¿Vivirá en la chimenea?
¿Dónde diablos se escondió?
¿Dónde canta, cuando llueve,
el sapito Glo Glo Glo?

¿Vive acaso en la azotea?
¿Se ha metido en un rincón?
¿Está abajo de la cama?
¿Vive oculto en una flor?

Nadie sabe dónde vive.
Nadie en la casa lo vio.
Pero todos lo escuchamos
cuando llueve: glo... glo... glo...

Mi conejo

Isabel Freire de Matos

Mi conejito es blanco
como una nube.
Corro por la montaña
y allá se sube.

Al pasar por las flores
de los senderos,
el rocío lo llena
de mil luceros.

Sus ojitos rosados
como linternas,
alumbran por los prados
flores y yerbas.

Limpio como las aguas
del riachuelo
es este conejito
que tanto quiero.

Parece que en las patas
lleva patines
que en vez de cuatro ruedas
tienen cojines.

Allá en la fuente

Tradicional

Allá en la fuente
había un chorrito;
se hacía grandote,
se hacía chiquito;
estaba de mal humor,
pobre chorrito
tenía calor.

Allá en la fuente,
las hormiguitas
están lavando
sus enagüitas,
porque el domingo
se van al campo
todas vestidas
de rosa y blanco.

Pero al chorrito
no le gustó
que lo vinieran
a molestar;
le dio vergüenza
y se escondió
tras de las piedras
de aquel lugar.

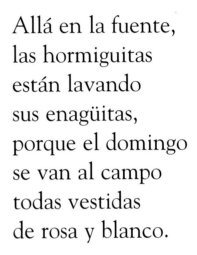

19

Do re mi fa sol
Dora Alonso

Do re mi fa sol,
ya sube la araña.
Sol fa mi re do,
corriendo trabaja.

Se mece,
se agarra,
se tira,
se alza,
do re mi fa sol,
haciendo su casa.

Los pollitos dicen . . .

Tradicional

Los pollitos dicen: pío, pío, pío
cuando tienen hambre,
cuando tienen frío.
La gallina busca
el maíz y el trigo,
les da la comida
y les presta abrigo.
Bajo sus dos alas
acurrucaditos,
hasta el otro día,
duermen los pollitos.

Gallo copetín

Antonio Ramírez Granados

Sscht, sscht . . . ,
callen a ese gallo
coludo y rabón,
con cara de pico
con cara de pío
con cara de gallo
gallinigallón.

Kikirikí, gallo copetín,
kikirikó, gallo copetón,
no te levantes
que las seis no son.

A la una, a las dos,
a las tres.
¡Que el gallo se levante,
que cante, que cante!

—¿Ya se levantó el gallo
Modorro?
—Se está poniendo cresta,
a modo de gorro.

—¿Ya se levantó el gallo
Agustín?
—Se está poniendo plumas
en el calcetín.

—¿Ya se levantó el gallo
adormilado?
—Se está poniendo el rabo
aquí, alado, aquí al lado.

—¿Ya se levantó el gallo
de Agustina?
—¡Ya está listo y va a
corretear a la gallina!

Canción

Alma Flor Ada

Canta
el agua en la roca,
el pájaro en la rama
y el poema en la página.

Cucú, cantaba la rana

Tradicional

Cucú cantaba la rana,
    cucú debajo del agua.
Cucú pasó un caballero,
    cucú con capa y sombrero.
Cucú pasó una señora,
    cucú con traje de cola.
Cucú pasó una gitana,
    cucú vestida de lana.
Cucú pasó un marinero,
    cucú vendiendo romero,
cucú le pidió un ramito,
    cucú no le quiso dar,
cucú se echó a revolcar.

Verde

Alma Flor Ada

Verde albahaca
romero verde
verde lechuga
tomate verde.
Verde de la hoja
verde del loro
verde del árbol
que trepa el mono.

Azul y amarillo
dan verde limón
verde es la esperanza
del corazón.
Verde, verde
bajo el sol
verde limonero
de mi ilusión.

El secreto del payaso

Dora Alonso

—A ti solo te lo cuento.
Así como lo guardé,
debes guardar el secreto:
¡El más chiquito de los enanos
duerme la siesta en un zapato!

La punta de mi lápiz

Francisca Isabel Campoy

Mi lápiz y yo sabemos hablar de cosas
que no necesitan voz.
Yo le digo mis secretos
y él los escribe
mucho mejor que yo.

Perico, Perico

Fryda Schultz de Mantovani

Perico, Perico
no quiere ser rico,
no quiere ser sabio
ni quiere ser rey.
¿Qué quiere este chico,
Perico, Perico?
Jugar en el bosque,
reír y correr.

Con lengua de trapo
gritar como el sapo.
Meterse en el agua
y en ella nadar.
No quiere Perico
ser sabio, ni rico,
ni rey, pero quiere
reír y cantar.

Perico, Perico
se llama este chico.
No quiere ser rico,
Perico, Perico.

Amarillo

Alma Flor Ada

Para pintar
en tu cuaderno
el sol
o dibujar
alegre
un girasol.
Para crear con el azul
la hoja.

Para gritar
¡me gusta el amarillo!
y pintar un canario
más sonoro que
un grillo.

Aserrín, aserrán

Tradicional

Aserrín, aserrán,
los maderos de San Juan
piden queso, piden pan.
Los de Rique, alfeñique;
los de Roque, alfandoque;
los de Triqui, triqui, tran.
Aserrín, aserrán,
los maderos de San Juan
piden queso, les dan hueso.
Los de Rique, alfeñique;
los de Roque, alfandoque;
los de Triqui, triqui, tran.

El pavito real

José Antonio Dávila

El pavito real
siempre está lindo
porque nunca se quita
su trajecito
de los domingos.

Cinco gatitos

Tradicional

Cinco gatitos
tuvo una gata
cinco gatitos
detrás de una lata.
Cinco que tuvo,
cinco que criaba,
y a todos cinco
lechita les daba.

Caballito de la mar

Ester Feliciano Mendoza

Caballito de la mar,
tú de espuma
y yo de sal.

¡Con bridas de viento
te voy a ensillar!

¡Con nubes y soles
vamos a jugar!

¡Sueños de corales
vamos a cantar!

¡Oh mi hermoso
y brioso
caballo de mar!

¡Qué sueño!

María Hortensia Lacau

Y vino don Topo Topón
que es muy dormilón,
y se quedó dormido
vestido
con traje y bastón.
Y se quedó dormido
lirón y lirón,
arriba de siete colchones
y de un almohadón.

A casa

Alicia Barreto de Corro

Un camino yo ví
todo negro, negrito,
eran las hormigas
que iban a su cueva.

Caminaban, caminaban,
siempre, siempre sin parar.
De vez en cuando
conversaban
y volvían a caminar.

Noche oscura

María Elena Calderón

En el techo de la noche
hay un agujero
por donde se escapa
la luz de un lucero.

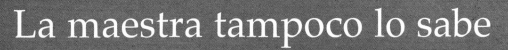

La maestra tampoco lo sabe

Francisca Isabel Campoy

—Maestra, —le pregunté un día
—¿qué hay detrás de las estrellas?
Y ella dijo: —Más estrellas.
—¿Y detrás? —le pregunté.
—Detrás hay más —me dijo.
—¿Cuántas más? —quise saber.
Y ella me dijo: —No sé.

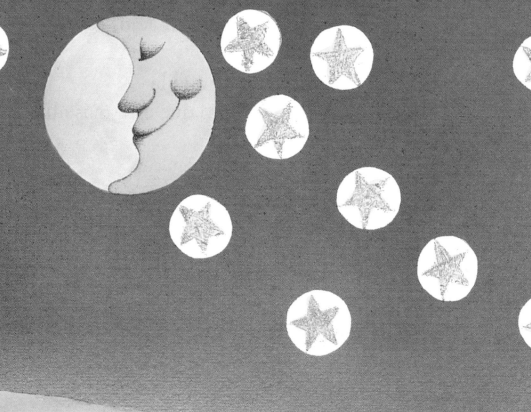

Explorar

Alma Flor Ada

La hormiguita pequeña
quiere explorar.
—No te vayas muy lejos—
dice mamá.
Para la madre hormiga
lejos es irse fuera de la cocina.

El pollito pequeño
quiere explorar.
—No te vayas muy lejos—
dice mamá.
Para mamá gallina
lejos es irse al patio de la vecina.

El potrillo pequeño
quiere explorar.
—No te vayas muy lejos—
dice mamá.
Para la madre yegua
lejos es todo lo que está más allá
de la cerca.

El pequeño aguilucho
quiere explorar.
—No te vayas muy lejos—
dice mamá.
Para la madre águila
lejos es todo lo que está más allá
de las nubes.

Estrellita de mar

Alma Flor Ada

Estrella de los mares
del color del coral,
¿de qué cielo lejano
llegaste acá?
Caminando en puntillas,
¿a dónde vas?
¿A quién buscas y encuentras
para jugar?
¿A quién cuentas tus viajes
desde la mar?
¿Duermes bajo las olas?
¿Sabes soñar?
Estrella de los mares,
estrellita de mar,
¿quieres tú ser mi amiga
siempre jamás?

La voz del niño

Tradicional

La voz de este niño mío
es la voz que yo más quiero;
parece de campanita
hecha a mano de platero.

A DORMIR

Tradicional

A dormir va la rosa
de los rosales,
a dormir va mi niño
porque ya es tarde.

Pajarito que cantas
en la laguna,
no despiertes al niño
que está en la cuna.

Duérmete, niño mío,
que viene el coco
y se lleva a los niños
que duermen poco.

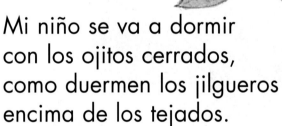

Mi niño se va a dormir
con los ojitos cerrados,
como duermen los jilgueros
encima de los tejados.

A la nana, nanita,
nanita ea;
a la cunita, madre,
que se menea.

Este niño tiene sueño
y no se puede dormir,
tiene un ojito cerrado
y el otro no puede abrir.

Las mañanitas
Tradicional

¡Qué linda está la mañana
en que vengo a saludarte!
Venimos todos reunidos
con gusto a felicitarte.

Ya las horas se adelantan,
la luna pierde su brillo,
las aves alegres cantan,
entonando su estribillo.

Las notas vibran sonoras,
unidas con el aliento,
conmemorando apacibles,
de las flores del portento.

Las flores todas se animan
y derraman sus olores;
unas con otras se arriman
para alegrar sus amores.

Vengo a endulzarte el oído
con éste, mi tierno canto,
a entonar las mañanitas,
hoy que es día de tu santo.

Yo prosigo en mis cantares,
deseando alegrar tu hogar
y con un ramo de flores
te vengo a felicitar.

Nana del paisaje brillante

Concha Tormes Araque

Un charquito de agua
para mi niño
que le lave las manos
y los suspiros.

Una pluma de garza
para mi niño
que le sirva de almohada
y de abanico.

Cañaveral de almíbar,
estremecido
bajo un cielo de luces
y de zumbidos.

Para mi niño.
Para mi niño.
Para mi niño.

El caracol, la luciérnaga y el grillo

Fernando Luján

¡Qué dichoso el caracol,
que tiene un casco de vidrio
y duerme bajo la col!

¡Más dichosa es la luciérnaga,
que por las noches se alumbra
con una verde linterna!

¡Pero más dichoso el grillo
porque sabe una canción
para dormir a mi niño!